PREDHOVOR

Vítam vás v prvom dieli „Programujeme v MonoGame", kde sa naučíme jazyk C#. V tejto knihe budem používať vývojove štúdio „Visual Studio Community". Toto štúdio si môžete stiahnuť na oficiálnych stránkach Microsoftu zdarma.

https://www.visualstudio.com/vs/community/

Táto kniha vznikla na základe môjho štúdia programovania hier v Xna Game Studio, jazyku C# a MonoGame.

Upozorňujem čitateľov, že táto kniha je len úvodom do programovania hier a zahŕňa stručný popis jazyka „C#".

Ak túto knihu zvládnete mali by ste byť schopný začať programovať hry v MonoGame alebo Xna Game Studio.

MONOGAME VS. XNA GAME STUDIO

Microsoft Xna je vývojové prostredie od spoločnosti Microsoft, ktoré umožňuje ľahký vývoj hier v jazyku C# a Visal Basic. Súčasťou Xna je Xna Game Studio a Xna Framework.

Microsoft Xna od 1. Apríla 2014 už nie je oficiálne vyvíjané vývojové prostredie. MonoGame je rozšírenie „VS", ktoré umožňuje vyvíjať hry rovnako ako Xna ale s väčšou podporou platforiem.

V tomto bode si vynecháme nejaké dlhé pojednávanie o rozdieloch, výhodách a nevýhodách. V druhom diele si o tom povieme viac . Teraz nám stačí vedieť, že MonoGame je evolúcia Xna s podporou vývoja pre Android, iOS a ďalších platforiem.

V tomto diele sa budeme venovať jazykr C#, čo bude pre vás stavebným kameňom v programovaní hier.

ÚVOD

Jazyk C# je veľmi výkonný jazyk, ktorý je komponentne orientovaný a pokiaľ poznáte jazyky C, C++ alebo Java, tak pre vás bude výučba jazyka C# ľahká a rýchla. Iné jazyky sú trošku viac odlišné ale ak prechádzate z iného jazyka na jazyk C#, tak si rýchlo zvyknete. Jazyk C# ma jednoduchú štruktúru až priam logicky vyplývajúcu z jeho prvkov.

Programovacie cvičenia budeme vytvárať v konzolovej aplikácii „Console Aplication". Nezabudnite, že ak chcete pochopiť ako jazyk C# funguje, tak musíte precvičovať to čo ste sa naučili a hlavne kombinovať predchádzajúcu sekciu s nasledujúcou. Takto zistite ako sa daný prvok dá využiť a aký ma rozsah. Pri popisovaní prvkov jazyka C# sa vám budem snažiť vysvetliť akú rolu daný prvok hrá v programovaní hier.

Tieto skúsenosti ktoré získate v tomto diele a pri precvičovaní využijete v nasledujúcich 2 pokračovaniach knihy, kde sa budeme zameriavať na tvorbu 2D a 3D hier.

V tomto diele si povieme o základných konštrukciách jazyka C#, ktoré budeme efektívne využívať.

KAPITOLA 1

V tejto kapitole si popíšeme nasledujúce prvky jazyka C#:

- Metóda Main

- Premenné

- Príkazy a Identifikátory

- Kľúčové slová

- IntelliSense

- Primitívne typy jazyka C#

- Aritmetické operátory

- Inkrementacia a Dekrementacia

Pôjdeme pekne po poriadku a predstavíme si rysy jazyka a čo vlastne tí záhadní ľudia „programátori" vlastne robia. Tato kapitola vás prevedie základnými operáciami, na ktorých sú postavené ostatné prvky jazyka.

1.1 METÓDA „MAIN"

Na začiatok si vytvoríme jednoduchú konzolovú aplikáciu, ktorá vypíše text „Hello World". Je to základná aplikácia, ktorú obsahuje asi každá náučná kniha nejakého programovacieho jazyku.

1. Otvoríme „Visual Studio Community".

2. Zvolíme „New Project" zo „Start Page" alebo z menu „Project -> File -> New Project".

Zobrazí sa dialógové okno, kde si zvolíme šablónu „Visual C#", ak nie je vybrane, a ako typ projektu si zvolíme „Console Aplication".

3. Zadáme názov projektu (napr. HelloWorld) a stlačte OK. Po odsúhlasení sa vám zobrazí zdrojový kód aplikácie ako na obrázku 1.1.

Vidíme, že „Visual Studio Community" nám vytvorilo menný priestor podľa názvu projektu a vytvorilo nám triedu „Program", čo je implicitne pre túto šablónu.

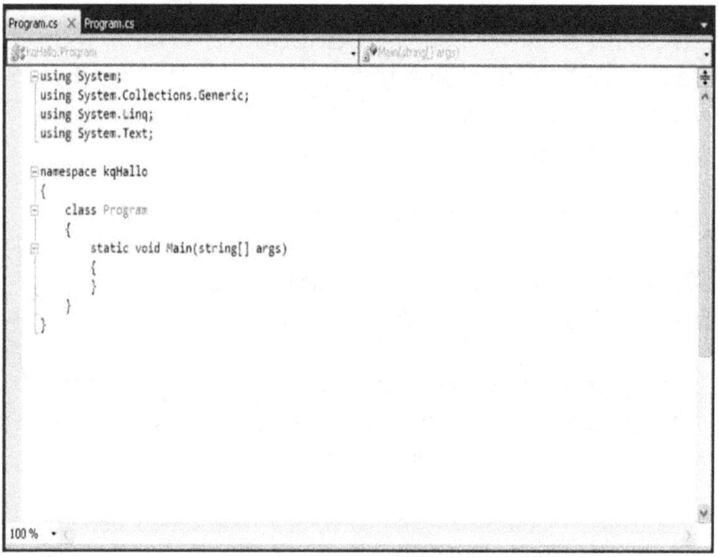

```
Program.cs  X  Program.cs
kqHallo.Program                            Main(string[] args)
using System;
using System.Collections.Generic;
using System.Linq;
using System.Text;

namespace kqHallo
{
    class Program
    {
        static void Main(string[] args)
        {
        }
    }
}

100 %
```

Obrázok 1.1 – Pohľad na zdrojový kód.

V triede „Program" sa nachádza metóda s názvom „Main". Táto metóda je špeciálna a to v tom, že špecifikuje vstup programu. Touto metódou začína každý program.

Kľúčové slovo static a string[] args si nevšímajte to si vysvetlime v sekcii o metódach.

Tato metóda ma zatiaľ definovaný prázdny blok. Začiatok bloku je definovaný znakom { a koniec bloku je definovaný znakom }.

Teraz si upravíme metódu nasledujúco:

```
static void Main(string[] args)
{
        Console.WriteLine("Hello World");
}
```

Takto upravený program spustime „F5" alebo zelenou šípkou. Program sa spusti ale iba blikne a skončí. To môžeme vyriešiť, tým že za metódu „WriteLine" pridáme metódu:

```
Console.ReadLine();
```

Ak teraz spustime program tak nám vypíše „Hello World" a bude čakať na stlačenie klávesy „Enter". Po stlačení „enteru" sa program ukončí.

Program funguje, tak že vstupný bod programu je metóda Main, ktorá spusti svoj blok príkazov. Blok príkazov metódy Main sú v tomto prípade dve metódy a to Console.WriteLine a Console.ReadLine.

Metóda Console.WriteLine("") vypisuje text uzavretý medzi úvodzovkami. Ako vidíte metóda WriteLine je členom triedy Console.

Trieda je vlastne súhrn členov, ktoré majú určíte prístupové práva. K členom triedy sa pristupuje s bodkou za názvom danej triedy alebo za názvom objektu. Zapamätajte si, že za každým príkazom uvádzame bodkočiarku strednik (Označenie strednik budem používať v celej knihe).

Takže nasleduje metóda „Console.ReadLine", ktorá číta užívateľský vstup a vlastne číta cely riadok (tzn. že metóda čaká na klávesu „Enter").

1.2 PREMENNÉ

Tak a máme tu spomínané premenné. Sú to vlastne určité miesta, ktoré obsahujú nejakú hodnotu. Premenná ma svoj názov „identifikátor" pomocou ktorého sa odkazujeme na jej hodnotu.

Premenné musíme deklarovať, inicializovať a použiť. Ak nepoužijeme premennú, tak sa vám zobrazí varovanie v okne „Error List". Nie je to chybný kód, ktorý nejde spustiť, ale každú deklarovanú premennú by ste mali inicializovať a niekde použiť, inak to nemá zmysel, takú premennú vytvárať. Premennú deklarujeme nasledovne:

```
int mojeCislo;
```

Tento príkaz deklaruje premennú z identifikátorom „mojeCislo" typu „int". O typoch si povieme neskôr. Zatiaľ si povieme o type „int".

Typ „int" uchováva hodnotu, ktorá je 32-bitova, čo znamená, že jej maximálna hodnota je : „2 147 483 647". Premennú inicializujeme priradením hodnoty s pomocou priraďovacieho operátora „=". Čiže nasledujúco:

```
mojeCislo = 25;
```

Takto inicializujeme našu premennú na hodnotu 25. Potom sa v našom programe môžeme odkazovať na hodnotu 25 ako na „mojeCislo".

Príkaz je povel, ktorý urobí určitú akciu a ako sme si už povedali za každý príkaz píšeme „strednik". Kombináciou príkazov vytvárame metódy, o ktorých si povieme neskôr. Metódy sú vlastne pomenovane bloky príkazov ako napríklad metóda „Main" ma svoj blok príkazov.

Identifikátory sú názvy jednotlivých časti programu ako napríklad menne priestory, triedy, metódy a premenné.
Majú nasledujúce pravidla:

- Identifikátor môže obsahovať iba písmena (malé a veľké), číslice a podčiarnik.

- Identifikátor musí začínať písmenom alebo podčiarnikom.

Číže s toho vyplýva, že nemôžeme použiť identifikátory: „4score" alebo" auto@".

Jazyk C# obsahuje 77 identifikátorov, ktorým sa hovorí kľúčové slová a každý z nich ma svoj význam. Kľúčové slová by sa nemali používať na pomenovanie vlastných časti programu.
Nasledujúca tabuľka zahŕňa kľúčové slová jazyka C#:

Abstract	Event	New	Struct	As	Explicit
Null	Switch	Base	Extern	Object	This
Bool	False	Operator	Throw	Break	Finally
Out	True	Byte	Fixed	Overide	Try
Case	Float	Params	Typeof	Catch	For
Private	Uint	Char	Foreach	Protected	Ulong
Checked	Gotto	Public	unchecked	Class	If
Readonly	Unsafe	Const	Implicite	References	Ushort
Continue	In	Return	Using	Decimal	Int
Sbyte	Virtual	Default	Interface	Sealed	Void
Delegate	Internal	Short	Volatile	Do	Is
Sizeof	While	Double	Lock	Stacklloc	Else
Long	Static	Enum	Namespace	string	

Tieto kľúčové slová nemôžete použiť ako svoje identifikátory.

Jazyk C# obsahuje tiež identifikátory, ktoré nerezervuje iba pre seba (vid nasledujúca tabuľka), čo znamená, že ich môžete použiť ako svoje identifikátory ale pokiaľ môžete, radšej sa tomu vyhnite.

From	Let	Into	Join	Set	Partial
Select	Group	Where	Yield	Orderby	Get
Value					

Možno sa pýtate čo to asi je. Je to vlastne taký pomocník, ktorý sa vám zobrazuje pri písaní kódu. „IntelliSense" sa vám snaží zobraziť zoznam všetkých členov, ktoré sú dostupne v danom bloku. Ak napríklad napíšeme v metóde „Main" slovo „Console" a dáme bodku, tak sa nám otvorí „IntelliSense" zo zoznamom, v ktorom sú všetky členy triedy „Console". Všimnite si že každý člen ma svoju ikonu, ktorá definuje typ člena. Pozrite obrázok 1.2.

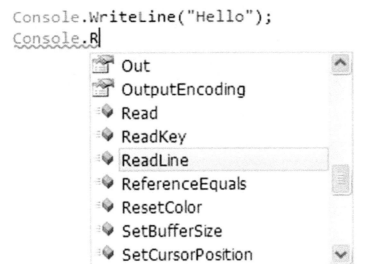

Obrázok 1.2 – Pohľad na IntelliSense

Pozrime sa na vyššie spomínané typy. Typy nám popisujú, že akú hodnotu daná premenná ma obsahovať. Čiže špecifikuje typ hodnoty. Jazyk C# ma niekoľko primitívnych typov, ktorých popis nájdete v nasledujúcej tabuľke:

Dátový typ	Popis	Veľkosť v bitoch	Príklad
int	Celé číslo	32	int číslo = 20;
long	Celé číslo (väčší rozsah)	64	long dlheCislo = 452L;
float	Desatinné číslo	32	float desatina = 0.84f;
double	Desatinné číslo	64	double desatina = 0.84f;
decimal	Peňažné hodnota	128	decimal peniaze = 0.74M;

string	Reťazec	16 na každý znak	string meno = "meno";
char	Jeden znak	16	char znak = 'h';
bool	Logická hodnota	8	bool pravda = true;

Aby sme si vyskúšali ako fungujú primitívne typy, tak si napíšeme program a uvidíme ako to chodí v praxi. Ak mate zapnutý program ešte z minulého cvičenia tak stačí zmeniť funkciu „Main" na nasledujúci kód, ak ste už vymazali predchádzajúci príklad alebo z nejakého dôvodu nemôžete predchádzajúci príklad otvoriť, tak si vytvorte novy projekt, kde tiež prepíšte funkciu „Main" nasledujúco:

```
int celeCislo = 50;
long dlheCislo = 400L;
float desatinneCislo = 0.4F;
double desatinneCisloPresnejsie = 0.45871;
decimal penaznaHodnota = 0.84M;
string meno = "Peter";
char znak = 'a';
bool pravda = true;
Console.WriteLine(celeCislo);
Console.WriteLine(dlheCislo);
Console.WriteLine(desatinneCislo);
Console.WriteLine(desatinneCisloPresnejsie);
Console.WriteLine(penaznaHodnota);
Console.WriteLine(meno);
Console.WriteLine(znak;
Console.WriteLine(pravda);
Console.ReadLine();
```

V programe sme si deklarovali premenne rôznych typov, kde sme si hneď každú premennú inicializovali. Potom sme všetky premenne vypísali metódou „WriteLine()". Všimnite si, že metóda „WriteLine()" nevypisuje len text, čiže premennú typu „string" ale aj ostatne premenne. Skúšajte experimentovať s programom, až kým nepochopíte ako dane typy fungujú. Skúste meniť hodnoty, poradie, vytvárať niekoľko nových premenných atd.

1.7 ARITMETICKÉ OPERÁTORY

Pozrime sa na základne aritmetické operátory. Tieto operátory nám vytvárajú určitú operáciu medzi premennými alebo číslami.

V jazyku C# máme nasledujúce aritmetické operátory:

- sčítanie +

- odčítanie –

- násobenie *

- delenie /

- modulo %

S prvými štyrmi operátormi ste sa už stretli, ale s piatym asi nie. Modulo je operátor, ktorý vracia zvyšok po delení. Možno sa vám to zdá divne ale ak vydelíte číslo 10 tromi tak dostanete 3, čo nie je presne lebo sa nám zvyšuje číslo 1, ktoré dostaneme modulo operátorom.

Takže si napíšeme program aby sme si ukázali ako vlastne môžeme používať aritmetické operátory, a čo všetko sa dá počítať. Prepíšte funkciu „Main" predchádzajúceho programu na nasledujúci kód:

```
int operand1 = 15;
int operand2 = 65;
float desOperand1 = 2.5f;
float desOperand2 = 5.5f;
Console.WriteLine(operand1 + operand2);
Console.WriteLine(operand1 - operand2);
Console.WriteLine(operand1 * operand2);

Console.WriteLine(operand2 / operand1);
Console.WriteLine(operand2 % operand1);
Console.WriteLine(desOperand1 + desOperand2);
Console.WriteLine(desOperand1 - desOperand2);
Console.WriteLine(desOperand1 * desOperand2);
Console.WriteLine(desOperand1 / desOperand2);
Console.WriteLine(operand2 / desOperand2);
Console.ReadLine();
```

Všimnite si, že sme použili výsledok operácie operátora ako argument funkcie. Ale môžeme tiež vytvoriť premennú „výsledok" a priradiť operáciu operátora tejto premennej.
Pozrime sa na príklad:

```
int operand1, operand2;
operand1 = 10;
operand2 = 15;
int vysledok = operand1 + operand2;
Console.WriteLine(vysledok);
vysledok = operand1 * operand2;
Console.WriteLine(vysledok);
```

Čiže sme si ukázali ako by sme mohli použiť aritmetické operátory a ako ich aj budeme používať. Skúšajte experimentovať s oboma príkladmi a snažte sa zistiť ako sa dajú ešte použiť operátory a čo všetko sa dá s nimi robiť.

Sú to vlastne dve operácie, ktoré majú svoj operátor .Tento operátor je unárny, čo znamená, že ho môžeme aplikovať na jeden operand.

Operátor „Inkrementacie/Dekrementacie" môžeme použiť buď prefixovým alebo post fixovým umiestnením operátora. „Inkrementacia" vlastne zvyšuje hodnotu operandu o jedna a „Dekrementacia" znižuje hodnotu operandu o jedna.
Pozrite nasledujúci príklad:

```
int hodnota1 = 5;
int hodnota2 = 5;
hodnota1++;
hodnota2--;
Console.WriteLine(hodnota1);
Console.WriteLine(hodnota2);
++hodnota1;
 --hodnota2;
Console.WriteLine(hodnota1);
Console.WriteLine(hodnota2);
Console.ReadLine();
```

Možno hľadáte význam medzi post fixovým a prefixovým operátorom. Je to jednoduché. „Inkrementacia/Dekrementacia" môže byť súčasťou inej operácie alebo iných operácii. Čiže ak „inkrementujeme/dekrementujeme" prefixovým operátorom operand, tak najprv sa vykoná „Inkrementacia/Dekrementacia", až tak

ostatná/ostatné operácie, ak je
„Inkrementacia/Dekrementacia" ich súčasťou.

Zasa post fixový operátor
„Inkrementacie/Dekrementacie" sa vykoná ako
posledný zo všetkých operácii, ak je ich súčasťou.
Pozrite sa na nasledujúci príklad, kde uvidíme ako
sa vykonávajú operácie operátorov:

```
int hodnota1 = 5;
int hodnota2 = 5;
int inkrementacia = hodnota1;
int dekrementacia = hodnota2;
hodnota1 = ++inkrementacia;
// prefix - najprv sa inkrementuje potom sa priradí
Console.WriteLine(hodnota1);
// hodnota1 = 6
Console.WriteLine(inkrementacia);
// inkrementacia = 6
hodnota1 = inkrementacia++;
// postfix - najprv sa priradí potom sa inkrementuje
Console.WriteLine(hodnota1);
// hodnota = 6
Console.WriteLine(inkrementacia);
 // inkrementacia = 7.
hodnota2 = --dekrementacia;
// prefix - najprv sa dekrementuje potom sa priradí
Console.WriteLine(hodnota2);
// hodnota = 4
Console.WriteLine(dekrementacia);
// dekrementacia = 4
hodnota2 = dekrementacia--;
// postfix - najprv sa priradí potom sa dekrementuje
Console.WriteLine(hodnota2);
// hodnota = 4
Console.WriteLine(dekrementacia);
// dekrementacia = 3
Console.ReadLine();
```

Skúste nejako experimentovať, ak ste nepochopili ako to funguje, tak skúšajte program ďalej alebo si od znovu precitajte tuto sekciu.

KAPITOLA 2

V tejto kapitole si preberieme ďalšie prvky jazyka
C#, ktoré sú postavené na základných prvkov
jazyka:

- Metódy

- Logické operátory

- Príkaz „if"

 - Príkaz „switch"

- Cykly

- Príkazy „break" a „continue"

2.1 METÓDY

Teraz sa pozrieme na problematiku metód. Metóda je kontext príkazov uzavretých v bloku. Metódu musíme pred jej použitím definovať. Metódy majú jednu zvláštnosť, môžu mať pred menom typ „void". Typ „void" špecifikuje, že metóda nevracia žiadnu hodnotu. Metóda nesie svoj identifikátor.

Príklad:

```
static void Main(string[] args)
{
        VypisVek();
        Console.ReadLine();
}
private static void VypisVek()
{
        Console.WriteLine("35");
}
```

Ako vidíte, vytvorili sme si metódu „VypisVek", ktorá nám vypíše na obrazovku vek. Metódy môžete vnímať ako moduly jazyka, ktoré obsahujú určíte príkazy, aby dosiahli svoj ciel.

Metódy môžu preberať argumenty, ktoré deklarujeme v okrúhlej zátvorke za názvom metódy. Prázdna zátvorka znamená, že metóda nepreberá žiadne argumenty. Pozrite príklad:

```csharp
static void Main(string[] args)
{
        VypocitajVek(1977, 2012);
        Console.ReadLine();
}
private static void VypocitajVek(int rokNarodenia,  int
aktualnyRok)
{
        Console.WriteLine(aktualnyRok - rokNarodenia);
}
```

Vytvorili sme metódu „VypiocitajVek", ktorá preberá dve argumenty. Prvý je rok narodenia a druhy je aktuálny rok.

Je to jednoduchá metóda, ktorá nám podľa zadaných argumentov vypočíta vek osoby.

Všimnite si, že každý argument od seba oddeľujeme čiarkou. Metódy môžu navracať aj nejakú hodnotu. Typ návratovej hodnoty určujeme pred identifikátorom a hodnotu v metóde vraciame príkazom „return".
Príklad:

```csharp
static void Main(string[] args)
{
        Console.WriteLine(VypocitajVek(1977, 2012));
        Console.ReadLine();
}
private static int VypocitajVek(int rokNarodenia,  int
aktualnyRok)
{
        return aktualnyRok - rokNarodenia;
}
```

Tato metóda ma návratový typ „int". Metoda „VypocitajVek" nám vráti vypočítaný vek ako argument metóde „WriteLine", ktorá vypíše hodnotu. Ak voláme metódu s argumentmi, tak vždy musíme uviesť toľko argumentov koľko metóda preberá a musí byť dodržaný každý typ argumentu. Dajme tomu že máme metódu s dvomi argumentmi typu „int", tak pri volaní metódy nemôžeme použiť ako prvý argument typ „string" a druhy tiež „string". Taká metóda sa môže zavolať len s oboma argumentmi typu „int".

Tiež si zapamätajte, že príkazom „return" sa ukončuje metóda a príkazy umiestnene za príkazom „return" sa nespustia.

Všimnite si, že metóda môže prijímať ako argument navrátenú hodnotu z inej metódy. Na úvod to o metódach stačí a podrobnejšie si o metódach povieme neskôr.

2.2 LOGICKÉ OPERÁTORY

Logické operátory vyhodnocujú výraz ako pravdivý „true" alebo nepravdivý „false". V jazyku C# máme niekoľko logických operátorov, ktoré sú nasledujúce:

- Rovná sa „=="

- Nerovná sa „!="

- Nie „! –" tzv. NOT

- Logický súčin (konjunkcia) – „&&" tzv. AND

- Logický súčet (disjunkcia) – „ | | " tzv. OR

- Menšie ako „<"

- Menšie alebo rovne ako „<="

- Väčšie ako „>"

- Väčšie alebo rovne ako „>="

Pomocou logických operátorov a výrazov môžeme sledovať rôzne prvky hry. Ako sa používajú logické operátory uvidíte v nasledujúcich sekciách.

2.3 PRÍKAZ „IF"

Príkaz „if" vyhodnocuje logické výrazy a na základe hodnoty, ktorú dostane z výrazu sa spustí alebo preskočí blok príkazov. Syntax príkazu „if":

if (logickýVýraz) príkaz1; else príkaz2;

Ak je „logický výraz" vyhodnotený ako pravdivý "true", vykoná sa „príkaz 1", číže príkaz umiestnení za príkazom „if" alebo blok príkazov za príkazom „if".

Ak je „logický výraz" vyhodnotený ako nepravdivý "false", tak sa vykoná „príkaz2", číže príkaz umiestnený za príkazom „else" alebo blok príkazov umiestnených za príkazom „else". Kľúčové slovo „else" nie je povinné. A ak sa „logický výraz" vyhodnotí ako „false" tak sa vyhodnotí akýkoľvek príkaz umiestnený za príkazom „if".
Príklad:

```
int peterPeniaze = 3000;
int jozefPeniaze = 1000;
int katarinaPenize = 5000;
int martinaPenize = 4000;

if (peterPeniaze < katarinaPenize)
        Console.WriteLine("Peter ma menej peňazí ako
        Katarína");
 if ((peterPeniaze < katarinaPenize) && (jozefPeniaze <
katarinaPenize))
        Console.WriteLine("Peter a Jozef ma menej peňazí ako
        Katarína");
```

```
if (martinaPenize != jozefPeniaze)
        Console.WriteLine("Martina nemá rovnakú sumu ako
        Jozef");
Console.ReadLine();
```

Na začiatku programu inicializujeme premenné, ktoré zastupujú peniaze štyroch osôb. Nasledovné sledujeme, či ma Peter menej peňazí ako Katarína.

Ďalej mame zložitejší logicky vyraz, ktorý sleduje, či ma Peter viac peňazí ako Katarína, a či ma Jozef viac peňazí ako Katarína. A posledný príkaz "if" sleduje, či ma Martina rovnakú sumu ako Jozef.

Skúste experimentovať s príkazom „if" a „logickými výrazmi". Príkaz „if" a „logické výrazy" si detailnejšie rozoberieme pri hernej logike.

Príkaz „switch" vyhodnotí riadiaci výraz a na základe získanej hodnoty spustí danú klauzulu. Syntax príkazu „switch":

```
switch (riadiaciVýraz)
{
        case konstantnýVýraz:
                príkazy;
                break;
        case konstantnýVýraz:
                príkazy;
                break;
        default:
                príkazy;
                break;
}
```

Ešte raz. Príkaz „switch" porovná riadiaci výraz s každým konštantným výrazom. Potom spustí príkaz „case" ale iba vtedy, ak sa konštantný výraz rovná riadiacemu výrazu. Ak sa ani jeden konštantný výraz nerovná riadiacemu výrazu, tak sa spustí príkaz „default". Príkaz „default nie je povinný, a ak nie je uvedený, tak ho kompilátor pri kompilovaní doplní štandardne, čo je:

```
default:
break;
```

V tomto prípade, ak sa spustí príkaz „default", tak sa príkaz „switch" jednoducho preskočí.

Príkaz „break" ukončuje daný prípad a musí byť uvádzaný v každom prípade. Existujú dva spôsoby kedy sa príkaz „break" neuvádza:

```
switch (riadiaciVýraz)
{
        case konstantnýVýraz:
        case konstantnýVýraz:
                príkazy;
                break;
        default:
                príkazy;
                break;
}
```

alebo

```
switch (riadiaciVýraz)
{
        case konstantnýVýraz:
                return;
        case konstantnýVýraz:
                príkazy;
                break;
        default:
                príkazy;
                break;
}
```

V prvom prípade ide o zoskupenie niekoľkých prípadov kde sa vlastne zjednocuje výsledok pre všetky prípady. Ale v prípade bez príkazu „break" sa nemôžu nachádzať žiadne iné príkazy. V druhom prípade ide o navrátenie hodnoty. Tento prípad sa vyskytuje iba v metódach. V podstate príkaz „break" môžeme umiestniť za príkaz „return", ale nikdy k nemu nedôjde a pri kompilácii sa vám zobrazí varovanie. Vlastne ide o to, že metóda sa ukončí príkazom „return" a k príkazu „break" nedôjde.

Ten príkaz „break" nám slúži na vyskočenie s príkazu alebo cyklu. Predstavte si, že chcete aby sa hra aktualizovala ak nastane prípad „Update", ale nikde nie je uvedený príkaz „break", tak by sa vykonali všetky funkcie v každom nasledujúcom prípade a to by bol veľký chaos. Preto jazyk C# nepovoľuje príkaz „case" s príkazmi bez príkazu „break".
Poďme na príklad:

```
Random rand = new Random();
int cislo1 = rand.Next(1, 7);
int cislo2 = rand.Next(1, 8);
switch (cislo2 - cislo1)
{
        case 1:
                Console.WriteLine("cislo1 - cislo2 je 1");
                break;
        case 2:
                Console.WriteLine("cislo1 - cislo2 je 2");
                break;
        case 3:
                Console.WriteLine("cislo1 - cislo2 je 3");
                break;
        case 4:
                Console.WriteLine("cislo1 - cislo2 je 4");
                break;
        case 5:
                Console.WriteLine("cislo1 - cislo2 je 5");
                break;
        case 6:
                Console.WriteLine("cislo1 - cislo2 je 6");
                break;
```

```
        case 7:
                Console.WriteLine("cislo1 - cislo2 je 7");
                break;
        default:
                Console.WriteLine("cislo1 - cislo2 je mimo
                voľbu");
                break;
}
Console.ReadLine();
```

Tento program vytvorí objekt „Random", ktorý vygeneruje náhodnú hodnotu vždy po použití jeho metódy „Next()". Čísla uvedené v zátvorke určujú interval náhodného čísla.

Potom nasleduje príkaz „switch", ktorý vyhodnotí situáciu a použije správny prípad „case", aby vykonal svoju časť.

Ak sa žiaden prípad nerovná riadiacemu výrazu, tak sa spustí „default". „Random" objekt budeme používať v hrách na generovanie náhodných čísiel. Zatiaľ s týmto programom skúste experimentovať. Skúste skombinovať príkaz „if", „switch" a metódy. Tým sa dajú vytvoriť efektívne programy.

2.5 CYKLY

Cyklus v programe je časť programu, ktorá sa
opakuje toľko krát, koľko je určené alebo dokedy
platí logický výraz. Cykly obohatia naše programy
ich efektivitou. Poznáme tri druhy cyklov:

- Cyklus „while"

- Cyklus „for"

- Cyklus „do while"

Cyklus „while" je používaný na opakované spúšťanie príkazov dovtedy, kým platí „logický výraz". Väčšinou je používaný na neurčitý počet opakovaní ako je herný cyklus. Syntax príkazu:

```
while (logickýVýraz)
        príkaz;
```

„Logický výraz", je výraz pomocou ktorého sa určí koľko krát sa cyklus „while" vykoná. „Logický výraz" musí vracať „logickú hodnotu". Príkaz „while" vyhodnotí logický výraz, ak je „true", tak sa spustí príkaz alebo blok cyklu „while". Tento príkaz alebo blok cyklu sa bude opakovať dovtedy, kým bude „logický výraz" vracať „true". Ak „logický výraz" vráti „false" cyklus „while" sa preskočí.
Pozrime si príklad:

```
static void Main(string[] args)
{
        bool done = true;
        bool show = true;
        int roll = 0;
        while (done)
        {
                if (show)
                        Menu();
                        roll = int.Parse(Console.ReadLine());
                        show = false;
                        switch (roll)
                        {
                                case 1:
```

```csharp
                                Console.WriteLine("Start
                                Game");
                                break;
                    case 2:
                                Console.WriteLine("Game
                                Options");
                                break;
                    case 3:
                                Console.WriteLine("Exit
                                Game");
                                Console.WriteLine("Pokračujte
                                stlačením ENTER");
                                done = false;
                                break;
                    case 4:
                                Console.WriteLine("Menu");
                                show = true;
                                break;
                    default:
                                Console.WriteLine("Nesprávna
                                voľba!");
                                break;
                }
            }
        Console.ReadLine();
}

static void Menu()
{
        Console.WriteLine("Menu:");
        Console.WriteLine("1)Start Game \t 2)Game Options");
        Console.WriteLine("3)Exit Game \t 4) Menu");
}
```

Tento príklad vám ukáže základne použitie cyklu „while", príkazu „switch" a použitie metódy na výpis menu. V tomto príklade som chcel ukázať aspoň taký jednoduchý herný cyklus.

Skúste experimentovať s týmto príkladom, pretože pomocou tohto príkladu sa dá urobiť jednoduchá „RPG (Rolling Playing Game)" hra postavená na „Console Aplication". My nebudeme programovať konzolové hry ale pre začiatok by vám pomohlo experimentovať s učivom.

Cyklus „for" je vo väčšine prípadov používaný na určitý počet opakovaní ako napríklad iterácie cez pole. Cyklus „for" je trocha odlišný od cyklu „while". Cyklus „while" iba kontroluje „logický výraz". Zatiaľ čo cyklus „for" obsahuje „inicializáciu", „logický výraz" a aktualizáciu premennej.

Cyklus „for" funguje takto: Najprv sa inicializuje riadiaca premenná väčšinou na hodnotu 0, ktorá obsahuje počet opakovaní.

Nasleduje „logický výraz" oddelený „stredníkom" od inicializácie riadiacej premennej. Tento „logický výraz" vo väčšine prípadov kontroluje čí riadiaca premenná, ktorá počíta opakovania dosiahla určitý počet opakovaní.

Ak „logický výraz" vráti „true" vykoná sa príkaz alebo blok cyklu „for", inak sa cyklus „for" preskočí.

Po „logickom výraze" nasleduje aktualizácia premennej, ktorá vo väčšine prípadov každým opakovaním pripočíta 1 k riadiacej premennej a tak riadiaca premenná obsahuje počet opakovaní.

Pri každom opakovaní cyklu „for" sa kontroluje „logický výraz" a aktualizuje sa riadiaca premenná. Cyklus „for" ma takúto syntax:

for (Inicializácia; logický Výraz; aktualizácia riadiacej premennej)
        príkaz;

Cyklus „for" môžeme používať ešte ďalšími spôsobmi, ktoré si ukážeme v budúcnosti. Zatiaľ nám stačí základná syntax cyklu „for", ktorá nám poskytne dosť možností na prezentovanie našich predstav.
Príklad:

```
static void Main(string[] args)
{
        for (int i = 0; i < 10; i++)
                VypisCisla(i);
        Console.ReadLine();
}
static void VypisCisla(int index)
{
        Console.WriteLine(index);
}
```

Je to jednoduchý príklad, ktorý vám ukáže ako používať cyklus „for" v základnej forme. Skúste vytvoriť nejaké metódy a skombinovať to s cyklom „for". Môžete tam tiež pridať príkazy „if", „switch" a ďalšie cykly ako sú „while" a „for". Tým môžete vytvoriť efektívny program a získate tak prehľad ako čo funguje.

2.5.3 CYKLUS „DO WHILE"

Príkaz „do" alebo cyklus do „while", čo sa vo svete programovania používa najmenej, je príkaz ktorý vykoná svoj blok vždy aspoň ráz hoci „logický výraz" cyklu do „while" vráti false. Cyklus do „while" funguje takto: Najprv sa vykoná príkaz alebo blok príkazu „do" až potom sa vykoná logický výraz pomocou, ktorého sa vyhodnocuje, či sa príkaz alebo blok príkazu „do" zopakuje alebo nie. Syntax „do while":

```
do
        príkaz;
while(logický Výraz);
```

Tento cyklus sa vo svete programovania používa zriedkavo.
Príklad:

```
static void Main(string[] args)
{
        int i = 0;
        do
        {
                if (i == 0)
                        Console.WriteLine("Toto sa vykoná
                        aspoň raz aj keď logicky vyraz vráti
                        false");
                VypisCisla(i);
                i++;
                if (i == 10)
```

```
                    Console.WriteLine("Pokračujte
                    stlačením klávesy ENTER");
        }
        while (i < 10 && i >= 1)
        {
                Console.ReadLine();
        }
}
static void VypisCisla(int index)
{
        Console.WriteLine(index);
}
```

Program začína inicializáciou pramennej „i" na hodnotu 0. Nasledovne sa spusti cyklus "do while".

Tu sa porovnáva hodnota „i". Potom sa vola metóda „VypisCisla(i)", ktorá vypíše hodnotu „i" na obrazovku.

A nakoniec sa sleduje, či je hodnota „i" rovná 10. Po ukončení bloku príkazu "do" sa skontroluje logický výraz cyklu, ak je true všetko sa opakuje.

2.6 PRÍKAZY „BREAK" A „CONTINUE"

Príkaz „break", ktorý sme používali spoločné s príkazom „switch" môžeme použiť spoločne s každým cyklom. S každého cyklu sa dá vyskočiť príkazom „break".

Príkaz „continue" umožňuje preskočiť na začiatok cyklu, tak že preskočí príkazy uvedené za príkazom „continue". Opakovanie sa počíta ako úplne ale oproti príkazu „break" cyklus pokračuje ďalej. Príklad:

```
static void Main(string[] args)
{
        for (int i = 0; i < 50; i++)
        {
                if (i < 5)
                {
                        VypisSpravu("Toto sa vykoná 5x pred
                        príkazom break");
                        continue;
                }
                VypisSpravu("Toto sa vykoná 5x po príkaze
                continue");
                if (i == 10)
                        break;
        }
        Console.ReadLine();
}
static void VypisSpravu(string sprava)
{
        Console.WriteLine(sprava);
}
```

Tento program obsahuje cyklus „for", ktorý ma „logický výraz" nastavený tak aby sa cyklus vykonal 50x ale v tele máme príkaz „if", ktorý zabezpečí iba 10 opakovaní vďaka príkazu „break". Prvých 5 opakovaní sa vypisuje veta pred „continue" a posledných 5 opakovaní sa vypisuje druhá veta po príkaze „continue". Nakoniec by som ešte dodal, že príkaz „continue" by sa mal používať s veľkou opatrnosťou, pretože kód vďaka príkazu „continue" sa stáva menej čitateľný a programátor tak robí zbytočné chyby. Ja príkaz „continue" nepoužívam, a tak by som to aj odporučil.

KAPITOLA 3

V tejto kapitole preberieme pokročilejšie prvky
jazyka C#:

- Triedy

- Zapuzdrenie

- Dedičnosť

- Vlastnosti triedy

- Čiastočne triedy

- Statické triedy a dáta

- Anonymné triedy

Tak konečne sa budeme môcť pozrieť na kód objektívne.

Pozrite sa na kód a predstavte, si že celá hra je napísaná v jednej triede. Kto by sa potom vyznal v takom kóde. Tým by vznikali ďalšie chyby a ťažko by sa taký kód optimalizoval. Našťastie tu máme „OOP (Objektívne Orientované Programovanie)" a základom „OOP" je trieda. Trieda je súhrn členov, ktoré ako celok predstavujú objekt vo väčšine to je objekt z reálneho sveta. Taký objekt obsahuje metódy a premenné, ktoré boli definované v triede z ktorej bol objekt vytvorený.

V jazyku C# definujeme novú triedu kľúčovým slovom „class". Telo triedy je uzavreté zloženými zátvorkami. Telo triedy obsahuje dáta a metódy, ktoré preberá objekt vytvorený z tejto triedy. Dáta sú premenné rôznych typov. Ukážeme si základnú deklaráciu triedy:

Kliknite na projekt pravým tlačidlom a vyberte „Add -> Class". Ako vidíte na obrázku 3.1.

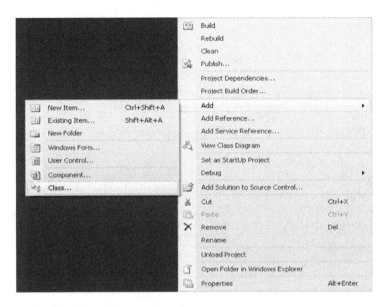

Obrázok 3.1 – Pridanie triedy

Otvorí sa vám dialógové okno ako na obrázku 3.2.
Vyberte „class" ak nie je vybrané a v dolnej časti
okna je textové pole s názvom „Name", do ktorého
zadajte názov svojej novej triedy napr.
„MyNewClass". Mal by sa vám zobraziť taký kód:

```
using System;
using System.Collections.Generic;
using System.Linq;
using System.Text;

namespace kqHello
{
class MyNewClass { }
}
```

Medzi zložené zátvorky triedy „MyNewClass"
môžete umiestniť dáta triedy. O chvíľu si ukážeme
kód našej novej triedy, ktorá bude obsahovať
premenné a metódy. Pred premennú a metódu
triedy môžete umiestniť prístupové slovko ako:

public – verejný,

private – súkromný,

protected – chránený.

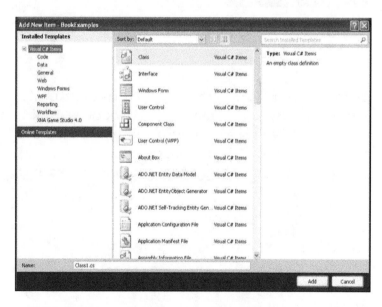

Obrázok 3.2 – Pridanie novej položky.

Kľúčové slovo „public" označuje položku triedy ako verejnú. To znamená, že k nej môžeme pristupovať z vonku (mimo triedu).

Kľúčové slovo „private" označuje položku triedy ako súkromnú a k takej položke môžeme pristupovať iba v triede.

Kľúčové slovo „protected" si rozoberieme v sekcií „Dedičnosť". Ešte chcem povedať, že ak neuvediete žiadne slovo pred položku tak implicitne je položka privátna. Pomocou názvu našej triedy môžeme vytvoriť nový objekt, ktorý bude môcť pristupovať k svojím položkám pomocou bodky ale prístup je určený prístupovým slovom „public", „private" alebo „protected". Teraz späť k našej triede:

```
public class MyNewClass
{
        public int pocetOperacii;
        public MyNewClass()
        {
                pocetOperacii = 0;
        }
        public int Scitanie(int lavy, int pravy)
        {
                pocetOperacii++;
                return lavy + pravy;
        }
        public int Odcitanie(int lavy, int pravy)
        {
        pocetOperacii++;
        return lavy - pravy;
        }
        public int Nasobenie(int lavy, int pravy)
```

```
        {
                pocetOperacii++;
                return lavy * pravy;
        }
        public int Delenie(int lavy, int pravy)
        {
                pocetOperacii++;
                return lavy / pravy;
        }
}
```

Naša trieda teraz obsahuje 4 metódy, ktoré majú prístupové právo „public" a jednu „public" položku. Položka „pocetOperacií" bude obsahovať presný počet operácií daného objektu. Je tu ešte jedna vec, ktorú sme si nepovedali. Trieda obsahuje ešte konštruktor:

```
public MyNewClass()
{
        pocetOperacii = 0;
}
```

Konštruktor sa zavolá pri vytvorení objektu. Konštruktor musí mať pred menom „public". Trieda môže obsahovať viac konštruktorov. Pri vytváraní objektu sa zvolí iba jeden ktorý sa vykoná. V našom prípade máme iba jeden konštruktor, ktorý inicializuje „pocetOperacií" na 0. Ak by sme neuviedli konštruktor, tak kompilátor by ho vytvoril za nás a vyzeral by takto:

```
public MyNewClass()  { }
```

Teraz si deklarujeme objekt. Objekt deklarujeme ako premennú. Náš objekt bude typu „MyNewClass".

MyNewClass math; math = new MyNewClass();

Týmto sme vytvorili objekt s názvom „math"(matematika). Objekt musíme inicializovať. Objekt vždy inicializujeme priradením odkazu na triedu/konštruktor danej triedy pomocou slovka „new". Ako vidíte vyššie. Teraz keď na ďalší riadok napíšete „math" a napíšete bodku, „IntelliSense" vám zobrazí metódy a položky, ktoré môžete použiť a ku ktorým máte prístup ako na obrázku 3.3.

Obrázok 3.3 – Položky objektu „math".

Teraz potrebujeme zmeniť položku „pocetOperacii"
z „public" na „private" aby sme k nej nemohli
pristupovať. Táto položka je na počítanie operácií
takže ju nepotrebujeme meniť ručne.

Zmeňte položku „pocetOperacií" nasledujúco:

private int pocetOperacii;

Teraz keď napíšete bodku za objekt, tak položka
„pocetOperacií" tam už nebude. To je dobre. Teraz
mame objekt, ktorý dokáže vykonávať základne
aritmetické operácie. Čiže by sme mohli povedať,
že náš objekt je niečo ako minikalkulačka.

Do našej triedy pridáme ďalšie tri metódy:

```
public int Modulo(int lavy, int pravy)
{
        pocetOperacii++;
        return lavy % pravy;
}
public void PocetOperacii()
{
        Console.WriteLine(pocetOperacii);
}
public void ZobrazVysledok(int vysledok)
{
        Console.WriteLine(vysledok);
}
```

Ako vidíte pridali sme metódu na zobrazovanie
zvyšku po delení, metóda, ktorá zobrazí aktuálny
počet operácií a metódu na zobrazenie výsledku.

Teraz si napíšeme trošku dlhší kód:

```
static void Main(string[] args)
{
        MyNewClass math;
        math = new MyNewClass();
        bool done = true;
        bool menu = true;
        int roll = 0;
        int lavy = 0;
        int pravy = 0;
        while (done)
        {
                if (menu)
                        Menu();
                try
                {
                        Console.Write("Zadajte volbu: ");
                        roll = int.Parse(Console.ReadLine());
                }
                catch (Exception e)
                {
                        Console.WriteLine(e.Message);
                }
                lavy = 0;
                pravy = 0;
                menu = false;
                switch (roll)
                {
                        case 1:
                                Zapis(ref lavy, ref pravy);
                                math.ZobrazVysledok(math.
                                Scitanie(lavy, pravy));
                                break;
                        case 2:
                                Zapis(ref lavy, ref pravy);
                                math.ZobrazVysledok(math.
                                Odcitanie(lavy, pravy));
                                break;
                                case 3:
```

```csharp
                                Zapis(ref lavy, ref pravy);
                                math.ZobrazVysledok(math.
                                Nasobenie(lavy, pravy));
                                break;
                    case 4:
                                Zapis(ref lavy, ref pravy);
                                math.ZobrazVysledok(math.
                                Delenie(lavy, pravy));
                                break;
                    case 5:
                                Zapis(ref lavy, ref pravy);
                                math.ZobrazVysledok(math.
                                Modulo(lavy, pravy));
                                break;
                    case 6:
                                menu = true;
                                break;
                    case 7:
                                Console.WriteLine("Program
                                konci!");
                                done = false;
                                break;
                    default:
                                Console.WriteLine("Nespravna
                                volba!");
                                break;
                }
        }
        Console.WriteLine("Pokracujte stlacenim ENTER!");
        Console.ReadLine();
}
static void Menu()
{
        Console.WriteLine("1)Scitanie \t 2)Odcitanie");
        Console.WriteLine("3)Nasobenie \t 4)Delenie");
        Console.WriteLine("5)Zvysok po deleni \t 6)Menu");
        Console.WriteLine("7)Exit");
}
static void Zapis(ref int l, ref int p)
{
```

```
Console.Write("Zapis lavy operand: ");
l = int.Parse(Console.ReadLine());
Console.Write("\n");
Console.Write("Zapis pravy operand: ");
p = int.Parse(Console.ReadLine());
Console.Write("\n");
}
```

Tak ako prvé sme si deklarovali a inicializovali
objekt „math", ktorý sme si vyššie popísali a
pripravili. Deklarovali sme si dve logické premenné,
ktoré sme aj inicializovali. Ďalej sme si deklarovali a
inicializovali celočíselné premenné. Potom
nasleduje hlavný cyklus „while", ktorý sleduje našu
logickú premennú „done". V cyklu „while" sme si
zvolili príkaz „if" , ktorý sleduje premennú „menu" a
pomocou toho sa určuje či ma byť zobrazené
menu. To sme už používali skôr pri ukázaní herného
cyklu. Potom nasledujú bloky „try" a „catch" o
ktorých si povieme neskôr. Zatiaľ iba stačí vedieť, že
sú tam na to aby kontrolovali, či nenastane
výnimka v kóde, ak nastane tak sa spustí blok
„catch" a napíše správu. V bloku „try" máme výpis
a čítanie voľby. Ďalej inicializujeme premenné
„lavy" a „pravy" na 0 a meníme logickú hodnotu
menu na „false" aby sa menu zobrazovalo iba na
požiadanie. Nasleduje príkaz „switch", ktorý
obsahuje celý prepočet čísiel. Pod metódou
„Main" sme si nadefinovali metódu „Menu", ktorá
zobrazuje menu a metódu „Zapiis", ktorá zapíše
čísla na vykonanie operácie. V tejto metóde pred

argumentmi uvádzam slovo „ref", ktoré vysvetlime neskôr.

Prepíšeme si ešte metódu „Zapis":

```
Console.Write("Zapis lavy operand: ");
try
{
        l = int.Parse(Console.ReadLine());
        Console.Write("\n");
        Console.Write("Zapis pravy operand: ");
        p = int.Parse(Console.ReadLine());
        Console.Write("\n");
}
catch (Exception e)
{
        Console.WriteLine(e);
}
```

Pri nesprávnom zadaní program zachytí výnimku a vypíše správu. V našom príklade sme nepoužili metódu, ktorá zobrazuje počet operácií daného objektu. Vyskúšajte ju vložiť do programu a troška zaexperimentovať s triedami.

3.2 ZAPUZDRENIE (ENCAPSULATION)

Zapuzdrenie je princíp definície tried. V zapuzdrení ide o to aby program využívajúci nejakú triedu sa nestaral o to ako ta trieda funguje. Program sa nemá starať o to ako je funkcia určitého objektu implementovaná. Program vytvorí inštanciu triedy a potom volá jej metódy. Zapuzdrenie ma dve účely:

1. Zapuzdrenie kombinuje metódy a dáta v triede, ide o podporu klasifikácie ako logické usporiadanie dát.

2. Riadi prístupnosť metód a dát, teda riadi prístupnosť triedy.

3.3 DEDIČNOSŤ

Vo svete programovania patrí dedičnosti do odboru klasifikácie. Dedičnosť je vzťah medzi triedami popísaní hierarchiou tried.

Napr.: Ak si definujeme triedu „Automobil", ktorá bude obsahovať metódy, ktoré predstavujú reálne činnosti automobilov. Teraz, ak už máme definovanú triedu „Automobil", tak si chceme definovať triedu „OsobneAuto", ktorá bude obsahovať taktiež rovnaké metódy ako trieda „Automobil" a svoje vlastné metódy. V tomto prípade si implementujeme triedu „OsobneAuto", ktorá dedí od triedy „Automobil" a tak trieda „OsobneAuto" zdedí metódy a dáta triedy „Automobil". Trieda „OsobneAuto" zdedí iba metódy a dáta s modifikátorom „public" a „protected". Ďalej od triedy „Automobil" môže dediť ďalšia trieda „NakladneAuto", ktorá bude obsahovať metódy triedy „Automobil" a svoje metódy, ktoré sú špecifické pre typ automobilového vozidla.

```
class OdvodenaTrieda : ZakladnaTrieda
{ }
```

Týmto „OdvodenaTrieda" získala dáta a metódy triedy „ZakladnaTrieda". Odvodená trieda môže dediť iba od jednej základnej triedy, nikdy nie od dvoch alebo viac.

Takto si implementujeme našu triedu „Automobil":

```
public class Automobil
{
        public void PridajPlyn()
        { }
        public void Zastav()
        { }
}
```

Od tejto triedy budú dediť všetky kategórie automobilov. Takže teraz si implementujeme triedu „OsobneAuto", ktorá dedí od triedy „Automobil":

```
class OsobneAuto : Automobil  {  // dáta a metódy triedy  }
```

Trieda „OsobneAuto" bude obsahovať metódy a dáta triedy „Automobil" a vlastné dáta a metódy. Dediť môžeme od každej triedy, ktorá nemá pred menom kľúčové slovo „sealed". Kľúčové slovo „sealed" určuje, že táto trieda sa už nemôže použiť ako základná pri dedení.
Napr.:

```
sealed class OsobneAuto : Automobil { }
class MiniAuto : OsobneAuto { }
```

Od triedy „OsobneAuto" neje možné dediť lebo sme určili kľúčovým slovom „sealed", že od triedy „OsobneAuto" sa nemôže dediť.

Ak použijeme „sealed" triedu ako základnú pri dedení tak kompilátor ohlási chybu. Zaexperimentujte si s dedičnosťou a uvidíte ako sa dajú efektívne dediť dáta a metódy a ako sa dá vytvoriť dobrá hierarchia tried, ktorú potom môžeme zabaliť do hernej knižnice.

Vlastnosti triedy sa najviac používajú pri zapuzdrení. Vlastnosti sa správajú ako položky triedy, ale obsahujú prístupové metódy pomocou, ktorý môžeme meniť alebo navracať súkromné položky triedy.

Príklad:

```
class Tovar
{
        private int cena;
        public int Cena
        {
                get { return cena; }
                set { cena = value; }
        }
}
```

Takto môžeme aplikovať vlastnosti v triede „Tovar". Táto vlastnosť buď vracia hodnotu premennej cena alebo nastavuje hodnotu premennej cena na hodnotu „value", ktorá je priradená vlastnosti „Cena". Ak vynecháme jednu metódu tak získame „read only" alebo „write only" vlastnosť. Metóda „get" vracia hodnotu cez „return" a metóda „set" nastavuje hodnotu na „value". Metóda „get" a „set" môžu mať svoj modifikátor, ktorý určuje prístup k metódam.

Príklad:

```
public int Cena
{
        get { return cena; }
        protected set
        {
                cena = value;
        }
}
```

Takto môžeme zamedziť zmenu hodnoty z vonku. Zapamätajte, si že modifikátor môže byť uvedený iba pri jednej metóde „get/set". Vlastnosti používame ako premenné buď ako ľavý operand alebo ako pravý operand.

V jazyku C# môžete rozdeliť triedu do viac súborov. Vďaka tomu môžeme usporiadať jednu veľkú definíciu triedy do niekoľko menších definícii. Ak rozdelíme triedy, tak musíme jednotlivé časti označiť kľúčovým slovkom „partial". Napríklad rozdelíme si triedu „Automobil" do dvoch súborov: Súbor automobil1.cs:

```
class Automobil
{
        public Automobil()
        { }
        public Automobil(int id)
        {
                this.automobilId = id;
        }
}
```

Súbor automobil2.cs :

```
partial class Automobil
{
        private int automobilId;
        public void PridajPlyn()
        { }
        public void Zastav()
        { }
}
```

Rovnakým spôsobom môžeme definovať rozhranie a štruktúry, o ktorých si povieme neskôr.

Statické dáta a metódy nepatria k inštancií objektu. To znamená, že ak definujeme v triede statickú metódu alebo položku, tak k nej nepristupujeme pomocou inštancie ale pomocou názvu triedy ako napríklad pri používaní triedy „Math":

```
class Math
{
        public static double Sqrt(double d)
        { }
}
```

K takejto statickej metóde nepristupujeme pomocou inštancie:

```
Math.Sqrt(10);
```

K tejto metóde pristupujeme priamo cez názov triedy. Statická metóda nemá prístup k žiadnej dátovej položke, ktorá je definovaná pre inštanciu. Môžeme pristupovať len k statickým dátovým položkám. Jedna z možnosti jazyka C# je

definovať celú triedu ako statickú. Takáto trieda môže obsahovať iba statické členy. Statická trieda nemôže obsahovať dáta a metódy inštancií. Preto nemá význam vytvárať novú inštanciu statickej triedy kľúčovým slovom „new".

Pri použití slova „new" na statickú triedu kompilátor ohlási chybu.

Príklad na statickú triedu:

```
public static class GameSettings
{
        private static int width, height;
        public static int Width
        {
                get { return width; }
        }
        public static int Height
        {
                get { return height; }
        }
        public static void SetResolution(ref
        GraphicsDeviceManager graphics, int width, int
        height)
        {
                graphics.PreferredBackBufferWidth = width;
                graphics.PreferredBackBufferHeight = height;
        }
}
```

3.7 ANONYMNÉ TRIEDY

Anonymná trieda je trieda, ktorá nemá meno. Anonymnú triedu môžete vytvoriť pomocou kľúčového slova „new" a dvojicou uzavretých zátvoriek, ktoré uzatvárajú dátové zložky a ich hodnoty.
Príklad:

```
var anonymnyObjekt = new { meno = " anonym ", vek = 38 };
```

Pri definícii anonymnej triedy vygeneruje kompilátor pre tuto triedu vlastný názov, ktorý sa nedozviete. K dátovým položkám môžete pristupovať ako pri každej inštancii:

```
anonymnyObjekt.meno;
anonymnyObjekt.vek;
```

Môžete vytvárať nové inštancie tejto triedy z odlišnými hodnotami:

```
var dalsiAnonymnyObjekt =  new { meno = " Peter ", vek = 41 };
```

KAPITOLA 4

V tejto kapitole si preberieme nasledujúce prvky jazyka C#:

- Operátory „is" a „as"

- Štruktúry

- Enumerátory

- Polia

- Kolekcie

- Výnimky

- Modifikátory

Operátor is môžete použiť na overenie, či je objekt daného typu. Operátor is prijíma dva operandy. Na ľavej strane je odkaz na objekt a na pravej je názov typu:

```
int number = new int();
Object obj = number;
if (obj is int)
{
        int number2 = (int)obj;
}
```

Pokiaľ príkaz if vráti true tak sa prevedie pretypovanie. Operátor as je podobný operátoru is.
Pozrime si príklad:

```
string meno = "";
Object obj = meno;
string meno2 = obj as string;
```

Ak sa pretypovanie podarí tak sa obj priradí do premennej meno2.

Štruktúra je užívateľský definovaný hodnotný typ. Štruktúra je niečo ako odľahčená trieda. Ale štruktúry sa od tried líšia. Premenná štruktúrovaného typu je uložená na zásobník, štruktúra nepodporuje dedičnosť a štruktúra sa nemôže stať základom nového typu. My v programovaní hier budeme používať štruktúry na ukladanie dát o rôznych objektoch a pri popise daného objektu budeme používať triedu.
Príklad štruktúry:

```
struct Attributy
{
public int attack;
public int defense;
// môžu tu byť aj vlastnosti, indexery(o nich si povieme neskôr),
// metódy a aj konštruktory
}
```

Teraz, keď už máme implementovanú štruktúru, ktorá popisuje atribúty, tak ich môžeme využiť v triede, ktorá spracuje hráča (player).
Príklad:

```
class Player
{
        Attributy playerAttributy;
        public Player(/* ak sa nastavujú nejaké hodnoty */)
        {
                playerAttributy = new Attributy();
        }
        public void GetPlayerAttackUp(int attUp)
```

```
        {
                this.playerAttributy.attack += attUp;
        }
}
```

Takýmto štýlom budeme využívať štruktúry ak
budeme vytvárať RPG hru. Zatiaľ si môžete vyskúšať
ako fungujú štruktúry. Skúste dokončiť našu triedu a
štruktúru a doplníte triedu, od ktorej odvodíte
monštra.

Enumerátor je hodnotný typ. Enumerátor ukladá celočíselné konštanty, ktoré môžu popisovať nejaký stav alebo nejakú udalosť. Enumerátor je kontext konštánt, ktoré majú meno a môžete im priradiť celočíselnú hodnotu. Enumerátory nemôžu obsahovať svoje vlastné metódy, nemôžu implementovať rozhranie (o tom si povieme neskôr) a nemôžu obsahovať svoje indexery a vlastnosti. My budeme používať enumerátory na definovanie stavu hry, pri RPG hrách ich budeme používať na definovanie typu objektu atď.
Príklad:

```
enum GameState
{
        GameStart,
        GameOptions,
        GameEnd
}
```

Takto sme si definovali enumerátor s názvom „GameState", ktorý bude popisovať stav hry. Tento enumerátor môžeme využiť napr. v príkaze „switch", ktorý spustí aktuálnu časť pre daný enumerátor.
Príklad:

```
static GameState gameState;
static void Main(string[] args)
{
        switch (gameState)
```

```
        {
            case GameState.GameStart:
                break;
            case GameState.GameOptions:
                break;
            case GameState.GameEnd:
                break;
        }
}
```

Takto definovaný príkaz „switch" bude riadiť herné jadro do troch kategórii. Prvý prípad spustí hru, druhý prípad spustí „options"(nastavenia hry) a tretí prípad vypne hru. Ešte by som dodal, že pred „enum" môžeme uviesť tiež modifikátor (public, private, protected, internal). Toľko k štruktúram a enumerátorom. Pomocou týchto hodnotných typov môžeme prerobiť efektívnejšie triedu „Player". Skúste experimentovať.

Pole je súhrn premenných rovnakého typu. S takým
poľom zachádzame ako s celkom. K prvkom
takého poľa pristupujeme pomocou indexov.
Začiatočný index poľa je 0. Čiže, ak máme pole
dĺžky N, tak posledný prvok bude N − 1. S každým
prvkom poľa môžeme pracovať ako s obyčajnou
premennou.
Príklad:

```
int[] numbers;
```

Takto deklarujeme pole typu int, ktoré si
inicializujeme:

```
numbers = new int[10];
for (int i = 0; i < 10; i++)
{
        numbers[i] = i;
}
```

Takto sme naplnili pole pomocou cyklu. Toto pole
ma 10 prvkov ako sme si určili. Ale pozor k prvému
pristupujeme pod indexom 0, ktorý uvádzame v
hranatej zátvorke. Teda posledný prvok nášho
poľa ma indexer 9.

Pole normálne vypíšeme na obrazovku pomocou
„Console.Write“:

```
Console.Write(numbers[4]);
```

Takto vypíšeme prvok poľa s indexom 4, čiže 5 prvok v poradí. Čiže vieme, že pole je kontext premenných rovnakého typu s pevnou dĺžkou, tzn. že ak máme raz pole z dĺžkou 10, tak pole už nemôžeme zväčšiť alebo zmenšiť. Preto si ukážeme aj ďalšie možnosti jazyka „C#" a to kolekcie.

Kolekcie sú triedy, ktoré zhromažďujú prvky hodnotového alebo referenčného typu. Kolekcie sa nachádzajú pod menným priestorom „System.Collections" a jeho podriadených menných priestorov.
Popíšeme si niektoré:

- ArrayList – implementuje bežné pole s dynamickou dĺžkou. - Hashtable – implementuje niečo ako pole ale prístupový index je kľúč, ktorý môže byť rôzneho typu.
- Queue – implementuje tzv. frontu, ktorá funguje na princípe (FIFO – First In First Out).
- Stack – implementuje tzv. zásobník, ktorý funguje na princípe (LIFO – Last In First Out).

Príklad „ArrayList":

```
ArrayList array = new ArrayList();
for (int i = 0; i < 10; i++)
{
        array.Add(i);
        Console.WriteLine(array[i]);
}
```

Deklarujeme dynamické pole, ktorému pridáme 10 prvkov typu „int" a nakoniec ich vypíšeme.

Príklad „Hashtable":

```
class Program
{
        static Hashtable StatsTable = new Hashtable();
        static void Main(string[] args)
        {
                StatsTable.Add(Attributes.Attack, 8);
                StatsTable.Add(Attributes.Defence, 5);
                StatsTable.Add(Attributes.Hitpoints, 20);
                StatsTable.Add(Attributes.Manapoints, 15);
                StatsTable.Add(Attributes.Strength, 10);
                DisplayStats();
                Console.ReadLine();
        }
        static void DisplayStats()
        {
                Console.WriteLine("Player Stats: " +
                Environment.NewLine + "Attack: " +
                StatsTable[Attributes.Attack] +
                Environment.NewLine + "Defence: " +
                StatsTable[Attributes.Defence] +
                Environment.NewLine + "Strength: " +
                StatsTable[Attributes.Strength] +
                Environment.NewLine + "Hitpoints: " +
                StatsTable[Attributes.Hitpoints] +
                Environment.NewLine + "Manapoints: " +
                StatsTable[Attributes.Manapoints]);
        }
}
enum Attributes
{
        Attack,
        Defence,
        Strength,
        Hitpoints,
        Manapoints
}
```

Vytvoríme si enumerátor, ktorý bude uchovávať atribúty. V triede „Program" si deklarujeme a inicializujeme premennú typu „Hashtable", ktorej priradíme každý atribút a jeho hodnotu. Nakoniec voláme metódu, ktorá vypíše atribúty na obrazovku.
Príklad „Queue":

```csharp
static Queue fronta = new Queue();
static void Main(string[] args)
{
        Random rand = new Random();
        int round = 0;
        while (round <= 5)
        {
                int number = rand.Next();
                Console.WriteLine("In: " + number);
                fronta.Enqueue(number);
                Console.WriteLine("Out: " + fronta.Dequeue());
                round++;
        }
        Console.ReadLine();
}
```

Program začína deklaráciou a inicializáciou premennej „fronta". V metóde „Main" máme objekt „rand" a premennú „round". Nasleduje cyklus „while", ktorý sa zopakuje 5x. V cykle nám metóda Next() objektu „rand" vygeneruje náhodné číslo, ktoré pridá do fronty a následne ho z fronty vymaže a vypíše.

Príklad „Stack":

```
static Stack zasobnik = new Stack();
static void Main(string[] args)
{
        Random rand = new Random();
        for (int i = 0; i < 5; i++)
        {
                int number = rand.Next();
                Console.WriteLine("In: " + number);
                zasobnik.Push(number);
        }
        for (int i = 0; i < 5; i++)
                Console.WriteLine("Out: " + zasobnik.Pop());
        Console.ReadLine();
}
```

Na začiatok sme si deklarovali premennú zásobník. V metóde „Main" máme objekt „rand" a dve cykly. Prvý cyklus naplní zásobník náhodnými číslami a druhý cyklus odstraňuje a vypisuje prvky.

Tieto kolekcie majú aj svoje alternatívy, ktoré sú efektívnejšie a povieme si o nich neskôr.

4.6 VÝNIMKY

Výnimky spracovávajú neočakávané alebo výnimočné situácie. K takýmto situáciám dochádza pri spustení programu. Výnimky sa riadia tromi kľúčovými slovami „try", „catch", „finally". Výnimky môžu byť aj generované alebo implementované v knižniciach pomocou kľúčového slova „throw". Blok „try" nám slúži na sledovanie príkazov, či prebehnú správne, ak nie tak sa spustí blok „catch", ktorý je umiestnený za blokom „try". Blok „catch" zachytáva výnimky, ktoré sa vyvolali v bloku „try".
Pozrime sa na príklad:

```
int[] cisla = new int[10];
for (int i = 0; i < cisla.Length; i++)
        cisla[i] = i;
try
{
        Console.WriteLine(cisla[12]);
}
catch (IndexOutOfRangeException e)
{
        Console.WriteLine(e.Message);
}
Console.ReadLine();
```

Program inicializuje čísla cyklom a nasleduje blok „try", v ktorom vypíšeme hodnotu poľa s indexom 12, čo je mimo rozsah poľa. V takomto prípade sa zavolá výnimka a spustí sa blok „catch", ktorý vypíše správu chyby.

Všimnite si, že ako argument bloku „catch" uvádzame typ výnimky. V tomto prípade uvádzame typ výnimky „IndexOutOfRangeException", takže blok „catch" sa spustí iba vtedy, ak zachytí výnimku tohto typu. Jazyk C# má v sebe nadefinovanú hierarchiu výnimiek, ktoré vám pomôžu k zachytávaní chýb, ale taktiež môžete nadefinovať svoje typy výnimiek.

Zapamätajte si, že ak sa vyvolá výnimka, tak sa preruší program v bode vyvolania výnimky a pokračuje za blokom „catch".
Pozrime sa:

```
Console.WriteLine(cisla[12]);
cisla[1] = 500;
```

Ak sa vyvolá výnimka pri volaní metódy „Console.WriteLine" a za metódou nasleduje nejaký príkaz, tak sa nesplní. V našom prípade sa hodnota 500 nikdy nepriradí.

Ak program vyvolá výnimku a nenájde obslužnú rutinu, tak celý program skončí.

Môžete použiť viac blokov „catch", ktoré budú obsluhovať svoj typ výnimky.

Príklad:

```
Console.Write("Zadajte vas vek: ");
int vek;
try
{
        vek = int.Parse(Console.ReadLine());
}
catch (FormatException fe)
{
        Console.WriteLine(fe.Message);
}
catch (Exception e)
{
        Console.WriteLine(e.Message);
}
```

V tomto príklade ak zadáte nesprávny formát tzn. nezadáte číslo, tak sa spustí blok „catch" s argumentom „FormatException". Ale ak nastane iná výnimka, tak sa spustí blok „catch" s argumentom „Exception". Prípadne, ak vyhovujú viac obslužných rutín, tak sa spustí prvá vyhovujúca a ostatné sa odignorujú.

Niekedy budete potrebovať vyvolať výnimku sami. Napríklad ak máte metódu, ktorá vracia hodnotu na základe predaného

argumentu. Ale pri zadaní argumentu, ktorý nespĺňa požiadavky definované v metóde vyvoláte výnimku.

Príklad:

```
static int NavratCisla(int cislo)
{
        if (cislo >= 5 && cislo <= 10)
                return cislo;
        else
                throw new
                ArgumentOutOfRangeException
                ("Cislo je mimo rozsah!");
}
```

Ako sme už spomínali nie vždy sa spustia všetky príkazy. Ak sa vyvolá výnimka tak sa zmení tok programu a niektoré príkazy sú preskočené. Na to nám poslúži blok „finally", ktorý sa spustí vždy. Príklad:

```
int cislo = 0;
try
{
        cislo = int.Parse(Console.ReadLine());
}
catch (Exception e)
{
        Console.WriteLine(e.Message);
}
finally
{
        cislo *= cislo;
        Console.WriteLine(cislo);
}
```

Ak sa vyvolá výnimka, tak sa spustí blok „catch", vypíše správu a spustí sa blok „finally".

V jazyku C# máme niekoľko modifikátorov. My sa pozrieme na modifikátor „ref", „out" a „params". Možno ste si všimli, že parameter metódy je iba kópia skutočného argumentu. To v podstate znamená, že akékoľvek zmeny prevedené s parametrom nemajú vplyv na skutočný argument. Pozrite príklad:

```
static void Main(string[] args)
{
        int number = 2;
        Console.WriteLine(number);
        ChangeNumber(number);
        Console.WriteLine(number);
        Console.ReadLine();
}
static void ChangeNumber(int number)
{
        number += 5;
}
```

Príklad inicializuje premennú „number" na hodnotu 2, ktorú sa snažíme zmeniť metódou „ChangeNumber", ale číslo sa nezmení. Metóda „ChangeNumber" vytvorí kópiu argumentu „number", čiže zmeníme hodnotu parametru ale hodnota argumentu ostane pôvodná. To môžeme vyriešiť modifikátorom „ref". Modifikátor „ref" vytvorí parameter ako odkaz na argument, čiže zmena

hodnoty parametru zmení hodnotu argumentu.
Opravíme si predchádzajúci príklad:

```
static void Main(string[] args)
{
        int number = 2;
        Console.WriteLine(number);

        ChangeNumber(ref number);
        Console.WriteLine(number);
        Console.ReadLine();
}
static void ChangeNumber(ref int number)
{
        number += 5;
}
```

Tentoraz sa zmena hodnoty argumentu podarí.
Všimnite si, že modifikátor „ref" uvádzame pri
definícií metódy ale aj pri volaní metódy.

Niekedy potrebujeme inicializovať premennú, až v
metóde, ale neinicializovaná premenná ako
argument je chybný kód. V tomto prípade
použijeme modifikátor „out". Ten funguje podobne
ako modifikátor „ref". Vytvorí odkaz na argument,
ale dovoľuje inicializovať argument v metóde.
Upravíme si predchádzajúci príklad:

```
static void Main(string[] args)
{
        int number;
        ChangeNumber(out number);
        Console.WriteLine(number);
        Console.ReadLine();
}
static void ChangeNumber(out int number)
```

```
{
        number = 5;
}
```

Tento program predá metóde neinicializovanú premennú, ktorú inicializuje metóda.

Často budete potrebovať predať metóde pole. Také pole môžeme metóde predať nasledovne:

```
static void Main(string[] args)
{
        int[] numbers = new int[5];
        numbers[0] = 34;
        numbers[1] = 45;
        numbers[2] = 31;
        numbers[3] = 3;
        numbers[4] = 567;
        DisplayNumbers(numbers);
        Console.ReadLine();
}
static void DisplayNumbers(int[] numbers)
{
        foreach (int number in numbers)
        {
                Console.WriteLine(number);
        }
}
```

Inicializovali sme pole čísiel a každému prvku sme priradili číslo. Následne vypíšeme čísla pomocou metódy na obrazovku. Ale všimnite si, že musíme písať väčšie množstvo kódu, čo nie je veľmi efektívne. To môže vyriešiť kompilátor, ktorý za nás takýto kód napíše. Aby sme oboznámili kompilátor,

že čo ma inicializovať, tak použijeme modifikátor „params".
Pozrime na príklad:

```
static void Main(string[] args)
{
        DisplayNumbers(5, 27, 45, 64, 78, 49, 50, 65, 74, 15);
        Console.ReadLine();
}
static void DisplayNumbers(params int[] numbers)
{
        foreach (int number in numbers)
        {
                Console.WriteLine(number);
        }
}
```

Pred parameter sme uviedli modifikátor „params", ktorý spravuje inicializáciu prvkov. Všimnite si, že každý prvok oddeľujeme čiarkou, ako argumenty.

KAPITOLA 5

Tak poďme sa pozrieť na rozširujúce prvky. Tieto prvky zaradzujem do pokročilejšej kategórie a sú to:

- Rozhranie

- Abstraktné triedy

- Zapečatené triedy

- Indexery

- Delegáti

- Udalosti

Rozhranie je niečo podobné ako trieda, ale neobsahuje žiadne definície a dáta. Obsahuje iba deklarácie metód a vlastnosti, ktoré musí implementovať odvodená trieda. Rozhranie definujeme nasledujúco:

interface IObject { }

Ako ste si mohli všimnúť rozhranie definujeme kľúčovým slovom „interface". Metódy a vlastnosti deklarujeme ako v triede, ale bez prístupového modifikátoru a namiesto tela metódy a vlastnosti napíšete „stredník". Dokumentácia Microsoft odporúča pridávať pred názov rozhrania veľké „I". V rozhraní „IObject" si deklarujeme metódu a implementujeme rozhranie v triede:

```
interface IObject
{
        bool Compare(object obj);
}
class GameObject : IObject
{
        private int x, y;
        public GameObject(int x, int y)
        {
                this.x = x;
                this.y = y;
        }
        public bool Compare(object obj)
        {
```

```
        if ((((GameObject)obj).x > this.x) &&
        (((GameObject)obj).y > this.y))
                return true;
        else
                return false;
    }
}
```

Deklarovali sme si metódu „Compare", ktorú sme si implementovali v triede „GameObject". Táto metóda porovnáva súradnice jedného herného objektu s druhým. Pri implementovaní rozhrania musíme dodržiavať nasledujúce pravidlá:

- Názvy metód a návratové typy sa musia zhodovať.

- Všetky parametre sa musia zhodovať aj modifikátory „ref" a „out".

- Všetky metódy by mali byť verejne prístupné, ak nepoužívate explicitnú implementáciu.

Pri dedičnosti môže trieda dediť od jednej triedy, ale od nekonečného počtu rozhraní. Môžete rozhraniu priradiť triedu, ktorá dedí od rozhrania.

Príklad:

```
IObject obj = new GameObject(5, 6);
Console.WriteLine(obj.Compare(new GameObject(10, 25)));
```

Takto sme inicializovali rozhranie triedou, ktorá dedí od rozhrania, ktoré inicializujeme. V inom prípade by išlo o chybný kód.

Zapamätajte si, že opačne to nefunguje. Nemôžeme inicializovať triedu rozhraním, od ktorého táto trieda dedí.

K rozhraniam nám stačí toľko. Detailnejšie si ich preberieme v nasledujúcich knihách.

5.2 ABSTRAKTNÉ TRIEDY

Sú to triedy, ktoré sú konštruované, tak aby sa od nich dedilo. Abstraktná trieda je niečo ako rozhranie, ale na rozdiel od rozhrania môže obsahovať dátové položky. V abstraktnej triede môžeme deklarovať abstraktné metódy. Abstraktné metódy sú niečo ako normálne metódy, až na to, že nemajú telo. Odvodená trieda musí takéto metódy predefinovať. Abstraktnú triedu vytvoríme ako obyčajnú ale pridáme kľúčové slovo „abstract":

abstract class Camera { }

Takto by sme mohli načrtnúť abstraktnú triedu „Camera", ktorá by slúžila ako základ pre iné typy kamier. V tejto triede môžeme deklarovať dáta a metódy, ktoré budú tvoriť základ každej odvodenej kamery. Pozrime sa na deklaraciu:

```
abstract class Camera
{
        protected Matrix view;
        protected Matrix world;
        protected Matrix projection;
}
```

Deklarovali sme si tri premenné typu „Matrix", čo je v podstate matica. Tieto tri premenné budeme používať pri tvorbe 3D hier.

Teraz nám poslúžia na ukážku ako môžeme využiť abstraktné triedy. Nadefinujeme si hernú kameru:

```
class GameCamera : Camera
{
        public GameCamera(Vector3 cameraPosition,
        Vector3 cameraTarget, Vector3 cameraUp, float
        aspectRatio)
        {
                this.view =
                        Matrix.CreateLookAt(cameraPosition,
                        cameraTarget, cameraUp);
                this.projection =
                        Matrix.CreatePerspectiveFieldOfView(
                        MathHelper.PiOver4, aspectRatio, 1,
                        1000);
                this.world = Matrix.Identity;
        }
        public Matrix View
        {
                get { return this.view; }
        }
        public Matrix Projection
        {
                get { return this.projection; }
        }
        public Matrix World
        {
                get { return this.world; }
        }
}
```

Ako vidíte odvodili sme si hernú kameru od abstraktnej triedy „Camera", v ktorej sme deklarovali tri matice. Definovali sme si konštruktor, v ktorom nastavujeme matice pomocou statických metód triedy „Matrix".

Tieto metódy si popíšeme pri tvorbe 3D hier. A ako posledné sme si definovali vlastnosti, ktoré navracajú tieto tri matice.

Ak by sme chceli definovať metódu, ktorá by mala pre každú odvodenú triedu fungovať inak, tak ju môžeme definovať ako abstraktnú a pri odvodení triedy ju implementujeme.

Toľko k abstraktným triedam.

Ak pracujete na nejakej hierarchií tried a vytvárate abstraktné triedy, od ktorých chcete aby sa v budúcnosti dedilo atď. Ale nechcete aby sa od niektorých tried dedilo, či už s dôvodu, že trieda by nebola vhodná ako bázová alebo nie je navrhnutá ako bazová. V takom prípade tu máme kľúčové slovo „sealed", ktoré nám danú triedu zapečatí. Od takejto triedy už nemôžeme dediť.

```
sealed class GameCamera : Camera
{      // Implementácia.   }
```

Ak by sme sa pokúsili použiť triedu „GameCamera" ako bázovú, tak kompilátor ohlási chybu. Zapamätajte si, že zapečatená trieda nemôže implementovať virtuálne metódy a abstraktná trieda nemôže byť zapečatená. Má to svoju logiku. Tak ako triedy aj metódy môžu byť zapečatené. Zapečatenú metódu môžete implementovať aj v nezapečatenej triede ale odvodená trieda nemôže túto metódu predefinovať. Taktiež môžeme zapečatiť iba predefinovanú metódu.

V tretej kapitole sme prebrali vlastnosti triedy, ktoré nám slúžia na navrátenie alebo nastavenie hodnoty jednej premennej. V prípade, že by sme deklarovali v triede pole, ku ktorému chceme pristupovať pomocou vlastnosti, tak to by bol problém. Preto tu máme indexery, ktoré nám tento problém vyriešia. Indexer je v podstate niečo ako pole. Pozrime si príklad:

```
public class Collection
{
        private List<int> items;
        public Collection()
        {
                items = new List<int>();
        }
        public int this[int index]
        {
                get { return this.items[index]; }
                set { this.items[index] = value; }
        }
        public void Add(params int[] items)
        {
                foreach (int item in items)
                {
                        this.items.Add(item);
                }
        }
        public int Count
        {
                get { return this.items.Count; }
        }
}
```

Takto by sme si mohli pomocou indexeru definovať vlastnú kolekciu. Túto kolekciu by sme mohli použiť nasledujúco:

```
static void Main(string[] args)
{
        Collection collection = new Collection();
        collection.Add(10, 15, 13, 55, 115, 44444, 658);
        for (int i = 0; i < collection.Count; i++)
                Console.WriteLine(collection[i]);
        Console.ReadLine();
}
```

Vytvorili sme si jednoduchú kolekciu, ktorá uchováva hodnoty typu „int". Všimnite si, že pri premennej „collection" používame zátvorky, ako keby išlo o pole, ale v podstate to je indexer, ktorý nás odkazuje na pole hodnôt.

Zapamätajte si, že trieda alebo štruktúra môže obsahovať najviac jeden takto pomenovaný indexer.

Ako už vieme polia môžu obsahovať iba celočíselné indexy, ale indexery môžu obsahovať rôzne typy indexu. S toho vyplýva, že môžeme definovať nasledujúci indexer:

```
public Monster this[string index]
{
        get { return this.items[index]; }
        set { this.items[index] = value; }
}
```

Ako môžete vidieť vraciame premennú typu „Monster" pod indexom typu „string". Dávajte si však pozor na to, aby sa nevyvolali neočakávané výnimky pri zadaní indexu mimo rozsah. Preto je vhodné pridať kontrolu indexu.

Delegát je niečo ako referencia metódy. Delegát deklarujeme pomocou kľúčového slová „delegate". Pozrime sa ako deklarujeme taký delegát:

```
delegate void Math(int value1, int value2);
class Program
{
        static void Main(string[] args)
        {
                Math math = new Math(Scitanie);
                math(20, 30);
                Console.ReadLine();
        }
        static void Scitanie(int a, int b)
        {
                Console.WriteLine(a + b);
        }
}
```

Deklarovali sme si delegát, ktorý ukazuje na metódu s návratovým typom „void" a s dvomi argumentmi. V metóde „Main" sme si vytvorili inštanciu delegáta „Math" a špecifikovali sme ako cieľ metódu na sčítanie čísiel. Do zátvoriek musíte uviesť metódu, ktorá ma rovnakú signatúru ako pri deklarovaní delegáta. To znamená, že metóda musí mať rovnaký návratový typ a rovnaký počet argumentov s rovnakými typmi. Ďalej nasleduje volanie delegáta, čiže sa zavolá metóda/metódy, na ktoré ukazuje. Delegátovi môžeme pridávať

metódy alebo odoberať. Na to nám pomôžu
preťažené operátory „-=" na odobratie metódy a
„+=" na pridanie metódy.
Pozrime sa na príklad:

```
delegate void Math(int value1, int value2);
class Program
{
        static void Main(string[] args)
        {
                Math math = new Math(Scitanie);
                math += new Math(Odcitanie);
                math += new Math(Delenie);
                math += new Math(Nasobenie);
                math(GetUserNumber(), GetUserNumber());
                Console.ReadLine();
        }
        static void Scitanie(int a, int b)
        {
                Console.WriteLine("Scitanie: " + (a + b));
        }
        static void Odcitanie(int a, int b)
        {
                Console.WriteLine("Odcitanie: " + (a - b));
        }
        static void Delenie(int a, int b)
        {
                Console.WriteLine("Delenie: " + (a / b));
        }
        static void Nasobenie(int a, int b)
        {
                Console.WriteLine("Nasobenie: " + (a * b));
        }
        static int GetUserNumber()
        {
                Console.Write("Zadajte cislo: ");
                try
                {
                        return int.Parse(Console.ReadLine());
```

```
                }
                catch (Exception e)
                {
                        Console.WriteLine(e.Message); return
                        0;
                }
        }
}
```

Ako vidíte upravili sme si predchádzajúci príklad. V príklade máme štyri metódy, na ktoré ukazuje delegát a piata nám vracia užívateľský vstup. V metóde „Main" používame preťažený operátor „+=" na pridanie metód, na ktoré má delegát ukazovať. Nakoniec zavoláme delegát ako metódu, ktorá zavolá všetky priradené metódy. Teraz sa pozrime na iný príklad, kde použijeme opačný operátor „-=", aby sme nevolali metódy, ktoré nepotrebujeme. Predchádzajúci príklad upravíme nasledujúco:

```
class Program
{
        static void Main(string[] args)
        {
                bool done = true;
                int roll = 0;
                while (done)
                {
                        Math math;
                        Menu();
                        roll = GetUserNumber();
                        switch (roll)
                        {
                                case 1:
                                        math = new
                                        Math(Scitanie);
```

```csharp
                                        math(GetUserNumber(),
                                        GetUserNumber());
                                        math -= new Math(Scitanie);
                                        break;
                                        case 2:
                                        math = new Math(Odcitanie);
                                        math(GetUserNumber(),
                                        GetUserNumber());
                                        math -= new
                                        Math(Odcitanie);
                                        break;
                                        case 3:
                                        math = new Math(Delenie);
                                        math(GetUserNumber(),
                                        GetUserNumber());
                                        math -= new Math(Delenie);
                                        break;
                                        case 4:
                                        math = new
                                        Math(Nasobenie);
                                        math(GetUserNumber(),
                                        GetUserNumber());
                                        math -= new
                                        Math(Nasobenie);
                                        break;
                                        default:
                                        Console.WriteLine("Zla
                                        volba!");
                                        break;
                        }
                }
        Console.ReadLine();
}
static void Menu()
{
        Console.WriteLine( "1) Scitanie " +
        Environment.NewLine + "2) Odcitanie " +
        Environment.NewLine + "3) Delenie " +
        Environment.NewLine + "4) Nasobenie ");
}
```

Vytvorili sme si metódu „Menu", pomocou ktorej sa vykoná určitá operácia založená na delegate. Všimnite si, že používam operátor odstránia po skončení danej operácie, aby sme odstránili referenciu na operáciu, ktorú už nepotrebujeme. V podstate nepotrebujeme odstrániť operáciu, ktorá skončila, pretože v ďalšom prípade sa delegát inicializuje na novo, a tým sa stráca predošlá inicializácia referencie na metódu. Avšak uvádzam odstránenie referencie, aby som ukázal bližšie ako funguje operátor odstránenia referencie.

A máme tu udalosti, ktoré sú závislé na delegátoch. Udalosť, ako už z názvu vyplýva je nejaká udalosť, ktorá sa zavolá, ak dôjde k niečomu zaujímavému. Napríklad taká udalosť, ktorá sleduje, či užívateľ stlačil pravé tlačidlo myši. Ak užívateľ stlačí pravé tlačidlo myší, tak daný objekt odošle inému objektu správu, že nastála udalosť. Udalosť deklarujeme pomocou kľúčového slova „event" a špecifikujeme aký delegát bude daná udalosť používať. To znamená, že akú signatúru metódy môžeme použiť pri volaní udalosti. Udalosť funguje podobne ako delegát a platia pre ňu rovnaké pravidla. Udalosti tiež môžeme pridávať a odoberať metódy. Pozrime sa ako by sme mohli použiť udalosti:

```
public class Player
{
        private int attack, defence;
        public Player()
        { }
        public int Attack
        {
                get { return this.attack; }
                set
                {
                        if (value != this.attack)
                                if (Update != null)
                                        Update(this, new
                                        EventArgs());
                                        this.attack = value;
                }
        }
}
```

```
        public int Defence
        {
                get { return this.defence; }
                set
                {
                        if (value != this.attack)
                                if (Update != null)
                                        Update(this, new
                                        EventArgs());
                                        this.defence = value;
                    }
        }
        public event EventHandler Update;
}
```

Definovali sme si triedu „Player", kde sme
deklarovali dve premenné „Attack" a „Defence",
ktoré môžeme nastavovať pomocou vlastnosti.
Každá vlastnosť obsahuje metódu „set", kde
sledujeme, či došlo k zmene premennej, a či
udalosť obsahuje nejakú referenciu. Všimnite si, že
máme deklarovanú jednu udalosť, ktorú voláme pri
zmene premennej.
Teraz si ukážeme ako takúto triedu použiť:

```
class Program
{
        static void Main(string[] args)
        {
                Player player = new Player();
                player.Update += new
                EventHandler(player_Update); player.Attack =
                5;
                player.Defence = 10;
                Console.ReadLine();
        }
        static void player_Update(object sender, EventArgs e)
        {
```

```
        Console.WriteLine("Atribut aktualizovan!");
    }
}
```

Inicializovali sme si objekt „player" a udalosti
„Update" sme priradili metódu na výpis textu.
Všimnite si, že nemôžeme čo sa aktualizovalo,
preto si vo väčšine prípadov musíme nadefinovať
vlastný delegát alebo triedu, ktorá dedí od triedy
„EventArgs":

```
public class PlayerEventArgs : EventArgs
{
        private string name;
        private int oldValue, value;
        public PlayerEventArgs(string name, int oldValue, int
        value)
        {
                this.name = name;
                this.oldValue = oldValue;
                this.value = value;
        }
        public string Name
        {
                get { return this.name; }
        }
        public int OldValue
        {
                get { return this.oldValue; }
        }
        public int Value
        {
                get { return this.value; }
        }
}
```

Takto by sme si mohli definovať triedu na záznam informácií o aktualizácií. Táto trieda musí dediť od triedy „EventArgs". Teraz prepíšeme predchádzajúci príklad nasledujúco:
Upravíme vlastnosť „Attack":

```
Update(this, new PlayerEventArgs("Attack", attack, value));
```

Upravíme vlastnost „Defence":

```
Update(this, new PlayerEventArgs("Defence", defence, value));
```

Zmeníme deklaráciu udalosti „Update":

```
public event EventHandler<PlayerEventArgs> Update;
```

Ďalej si zmeníme triedu „Program":

```
static void Main(string[] args)
{
        Player player = new Player(); player.Update += new
        EventHandler<PlayerEventArgs>(player_Update);
        player.Attack = 5;
        player.Defence = 10;
        Console.ReadLine();
}
static void player_Update(object sender, PlayerEventArgs e)
{
        Console.WriteLine("Bol aktualizovany " + e.Name + " z "
        + e.OldValue + " na " + e.Value);
}
```

V tomto prípade vieme povedať, že čo sa aktualizovalo, aká bola stará hodnota a aká je aktualizovaná hodnota. Môžete si tiež deklarovať vlastný delegát, ktorý bude zastupovať „PlayerEventArgs".

Niekedy potrebujeme vytvoriť typ, ktorý bude spracovávať prvky vopred neznámeho typu. Mohli by sme to vyriešiť, tým že by sme prvky definovali ako typ „object" a pri použití daného prvku použili pretypovanie, ale v takomto prípade vznikajú problémy, ktorým sa dá len ťažko zabrániť. Preto si ukážeme inú variantu jazyka „C#". Jazyk „C#" nám ponúka generické typy. Generické typy ste mohli vidieť v predchádzajúcich príkladoch, kde sme používali triedu „List<>" a v zátvorkách sme špecifikovali aký typ sa má uložiť.
My si teraz vytvoríme generickú triedu:

```
public class Data<TData> : List<TData>
{
        public List<TData> items;
        public Data()
        {
                items = new List<TData>();
        }
        public Data(int capacity)
        {
                items = new List<TData>(capacity);
        }
}
```

Pozrime sa na príklad. Vytvorili sme si generickú triedu, ktorá dokáže uchovávať dáta, ktorých typ dopredu nevieme určiť. Preto sme si pri deklarácii triedy do lomených zátvoriek vytvorili názov typu „TData", ktorý bude nahradený pri použití triedy.

Všimnite si, že táto trieda dedí od triedy „List<>“. Pozrime si príklad na použitie takejto triedy:

```
public struct Monster
{
        public int Attack, Defence, Strength;
        public Monster(int attack, int defence, int strength)
        {
                this.Attack = attack;
                this.Defence = defence;
                this.Strength = strength;
        }
}
class Program
{
        static void Main(string[] args)
        {
                Data<Monster> monsters = new
                Data<Monster>(); monsters.Add(new
                Monster(12,10,15));
                monsters.Add(new Monster(5,8,7));
                monsters.Add(new Monster(15,13,10));
                for (int i = 0; i < monsters.Count; i++)
                        ShowAttributes(monsters[i]);
                        Console.ReadLine();
        }
        static void ShowAttributes(Monster monster)
        {
                Console.WriteLine("Attack: " + monster.Attack
                + " Defence: " + monster.Defence +  " Strength:
                " + monster.Strength + " "); }
        }
```

Ako vidíte nadefinovali sme si štruktúru monštra, ktorú použijeme ako typ pre našu generickú triedu „Data<TData>“. Typ „TData“ sa nahradí typom „Monster“. Tak si môžeme uložiť monštra do kolekcie.

Nemuseli by sme vytvárať novú generickú triedu, ktorá by predstavovala kolekciu pre rôzne typy, pretože takúto triedu už máme implementovanú v „.Net Framework". Ale pokiaľ by sme chceli kolekciu, ktorá by mala nejaké špeciálne metódy, tak by sme museli vytvoriť novú triedu, ktorá by túto problematiku riešila. Na generický typ sa môžu klásť obmedzenia ako napríklad, čí je typ štruktúra, alebo či implementuje nejaké rozhranie.
Pozrime sa na príklad:

```
public class Data<TData> : List<TData> where TData : struct
```

Pridali sme kľúčové slovo „where", ktoré hovorí, že typ „TData" musí byť štruktúra. Ak by sme teraz použili triedu „Data<Monster>", kde typ „Monster" by nebol implementovaný ako štruktúra, tak taký kód neskompilujete. Ďalej môžete pridávať ďalšie obmedzenia, ak je potreba, aby nedošlo k chybám. Môžeme pridať aby daný typ musel implementovať určite rozhranie, tak by sme mohli použiť metódy z rozhrania špecifikovať prácu kolekcie. Pozrime ako pridať ďalšie obmedzenie:

```
public class Data<TData> : List<TData> where TData : struct,
IMonster
```

Pridali sme obmedzenie, aby použitý typ implementoval rozhranie, tak môžeme na základe rozhrania pracovať s prvkami pomocou metód, ktoré daný typ implementuje. To znamená, že ak dané rozhranie obsahuje metódu na porovnanie objektu, tak ju môžeme použiť na porovnanie objektov v kolekcií. Možno sa to zdá trošku chaotické ale po čase si zvyknete.

V podstate, ak obmedzujeme rozhraním, tak môžeme na každý prvok aplikovať metódu rozhrania. Implementácia metódy sa nachádza v type, ktorý použijeme. Ak používame vlastný typ, tak musíme implementovať rozhranie, inak kód nepôjde skompilovať.

Generická trieda môže obsahovať viac typových parametrov oddelených čiarkou a môže taktiež prijímať ako typový parameter inú generickú triedu s rôznym počtom typových parametrov:

```
public class Data<T1, T2, T3>
{
        public T1 data1;
        public T2 data2;
        public T3 data3;
}
```

Táto trieda obsahuje 3 typové parametre a ku každému z nich môžete pridať obmedzenie:

```
public class Data<T1, T2, T3>  where T1 : struct where T2 : class
where T3 : IMonster
{
        public T1 data1;
        public T2 data2;
        public T3 data3;
}
```

Takto sme obmedzili všetky tri typy. Prvý typ musí byť štruktúra, druhý trieda a tretí musí implementovať rozhranie „IMonster". Ako som vyššie povedal ako typový parameter môžeme použiť ďalší generický typ:

```
Data<List<Data<int, string, float>>, int, int> data;
```

Aj takto môžeme použiť generický typ. Ale takéto zložite premenné nebudeme používať takže sa nemusíte báť. Ukazujem to len preto aby ste mali prehľad ako môžeme použiť generický typ.

Generické triedy sú chytré, ale niekedy nepotrebujeme celú triedu generickú. Postačila by nám generická metódy. Samozrejme „.Net Framework" umožňuje vytvárať generické metódy. Podobným spôsobom ako sme definovali generickú triedu, tak definujeme aj generickú metódu.
Príklad:

```
public static TValue Porovnaj<TValue>(TValue value1, TValue value2)
{ // Definicia. }
```


Všimnite si že typový parameter uvádzame vždy za identifikátor metódy. Metóda môže taktiež obsahovať obmedzenia typových parametrov. Generické metódy sa najčastejšie používajú s generickými triedami. Toľko ku generickým typom.

DODATOK

Túto knihu som písal, tak aby ste pochopili základné rysy jazyka. Nespomenul som ešte mnoho veci, ktoré si popíšeme pri programovaní hier. V druhej knihe budeme rozoberať ako naprogramovať hru, kde si priblížime niektoré nespomenuté prvky jazyka a uvidíme ako to všetko funguje.

V tejto sérií kníh budem používať Microsoft „Visual C# 2010 Express", ktoré si môžete zdarma stiahnuť na oficiálnych stránkach Microsoftu:

http://www.microsoft.com/visualstudio/cze/downloads#d2010-express

O AUTOROVI

Miloš Tutko sa narodil 1. augusta 1993. V šestnástich rokoch sa začal venovať programovaniu a informačnej technológií. Po intenzívnom štúdiu programovania v jazyku C++ sa začal zaujímať o iné programovacie jazyky. V roku 2010 založil komunitu Product 4 You, ktorá sa zaoberá programovaním a prezentovaním informácií. V posledných dvoch rokoch programovania v jazyku C# a Xna Game Studio začal písať sériu kníh, ktoré sú zamerané na túto oblasť.

www.ingramcontent.com/pod-product-compliance
Lightning Source LLC
LaVergne TN
LVHW052305060326
832902LV00021B/3715